AF247764

VICTOIRE PARADIS,

RELIGIEUSE DE LA RETRAITE CHRÉTIENNE,

SA VIE, SA MORT, SA RÉPUTATION DE SAINTETÉ.

PAR L'ABBÉ VERDOT,

CHANOINE HONORAIRE DE LA MÉTROPOLE DE BESANÇON, CURÉ DE VESOUL.

Infirma mundi elegit Deus ut
confundat fortia.
(I Cor., 1, 27.)

BESANÇON,

IMPRIMERIE DE J. JACQUIN,
Grande-Rue, 14.

1868.

VICTOIRE PARADIS,

RELIGIEUSE DE LA RETRAITE CHRÉTIENNE,

SA VIE, SA MORT, SA RÉPUTATION DE SAINTETÉ.

PAR L'ABBÉ VERDOT,

CHANOINE HONORAIRE DE LA MÉTROPOLE DE BESANÇON, CURÉ DE VESOUL.

Infirma mundi elegit Deus ut
confundat fortia.
(*I Cor.*, 1, 27.)

BESANÇON,

IMPRIMERIE DE J. JACQUIN,
Grande-Rue, 14.

1868.

VICTOIRE PARADIS,

RELIGIEUSE DE LA RETRAITE CHRÉTIENNE,

SA VIE, SA MORT, SA RÉPUTATION DE SAINTETÉ.

L'amour de notre pays doit nous inspirer le désir de veiller à la conservation des belles traditions qui l'honorent, et de perpétuer le souvenir des actions mémorables qui s'y produisent.

C'est le moyen d'honorer la mémoire de ceux qui ont fait le bien et de leur susciter des imitateurs.

Encouragé par cette considération, je me suis décidé à publier une notice sur la vie édifiante et sur les œuvres

remarquables de sœur Victoire Paradis.

Cette humble fille, née dans une des
plus basses conditions, s'est élevée, par
l'ascendant de ses vertus et par l'exercice d'une charité héroïque, à un degré
étonnant de perfection et de mérite.

Les échos de nos montagnes du
Doubs redisent ses prodigieux bienfaits,
et les lieux qui furent le théâtre de ses
œuvres charitables sont encore tout
imprégnés de l'odeur de ses vertus.

Dès le plus bas âge, j'avais entendu
le récit des belles actions de Victoire
Paradis, du bien qu'elle faisait aux
pauvres, aux orphelins, aux malades,
et des consolations qu'elle répandait
au sein des familles affligées. J'en avais
conservé un souvenir bien précieux.

Appelé à l'exercice du ministère pas-
toral dans les lieux mêmes où Victoire

Paradis avait laissé de si touchants souvenirs et une si belle réputation de sainteté, j'avais interrogé ses contemporains, consulté les personnes les plus capables de m'édifier à ce sujet, celles qui avaient été les objets ou les témoins de son zèle et de sa charité; j'avais recueilli de nombreux détails sur la vie et sur les œuvres de cette héroïne de la charité chrétienne; et j'ai voulu, avant de descendre dans la tombe, faire part au public du fruit de mes recherches [1]. On ne pourra qu'être édifié en voyant les effets de la charité chrétienne et les œuvres qu'elle

[1] Parmi les personnes de qui j'ai reçu des témoignages intéressants sur Victoire Paradis, je citerai spécialement M. Boucon, décédé curé de Grandfontaine-Fournets; M. Rousselot, vicaire général de Grenoble, originaire de la Grand'Combe-des-Bois; M. Prêtre, curé d'Eysson; M. Etevenard-Vallier, an-

inspire quand elle est accompagnée de l'humilité de l'esprit et de la simplicité du cœur.

La conduite de cette humble servante de Dieu a été une réalisation bien sensible de ces paroles de l'apôtre saint Paul : *Dieu a choisi les faibles selon le monde pour confondre les puissants* [1]. Car elle semble avoir été suscitée de Dieu, dans des jours mauvais, pour soutenir et encourager les faibles, pour intimider, par la puissance de ses vertus, les méchants et les ennemis de la religion, pour réparer autour d'elle les scandales et les ravages

cien curé du Plaimbois-du-Miroir ; M. Chardon, ancien curé de Fournets-Blancheroche ; M. Ballanche, curé de Morteau ; Joseph et Xavier Prieur, du Russey ; Thérèse Pagnot, des Fontenelles ; les frères et sœurs Filsjean, des Fontenelles, etc.

(1) *1 Cor.*, i, 27.

de l'impiété, et prouver par la sublimité et la sainteté de ses œuvres, que les actions opérées sous l'influence de la foi et de la confiance en Dieu l'emportent infiniment sur les plus belles et les plus savantes théories de la philosophie mondaine.

I.

Victoire Paradis naquit au Bizot, village du diocèse de Besançon, le 4 février 1757, de parents pauvres des biens de la terre, mais riches des dons du ciel. Son père, originaire de Savoie, se nommait François Paradis ; sa mère, Jeanne-Claude Godot, était née à la Grand'Combe-des-Bois. Ils demeuraient les deux sur la paroisse du Russey, à l'époque de leur mariage.

Leur alliance, préparée par la réflexion, par des prières ferventes et par la réception fréquente des sacrements, fut bénie de Dieu et des hommes.

Ces jeunes époux, servant le Seigneur dans la sincérité et la droiture de leur cœur, goûtaient les douceurs de la paix divine, et chacun admirait leur conduite, les regardant comme des modèles de toutes les vertus chrétiennes.

Après leur mariage, ils quittèrent le Russey pour se fixer au Bizot. Les habitants de cette localité reçurent avec bonheur les jeunes époux, qui devaient faire l'édification et la gloire de la paroisse.

De ce mariage fortuné naquirent cinq enfants: Victoire, Joseph, Marie, et deux autres décédés en très bas âge.

Victoire fut baptisée le jour même de sa naissance, par M. Arnoux, vicaire du Bizot; elle eut pour parrain Pierre-Antoine Dromard, et pour marraine Barbe Dard, les deux du Bizot. Elle reçut les prénoms de Jeanne-Victoire.

Dès l'âge le plus tendre, Victoire se faisait remarquer par la beauté de son caractère, par sa piété et par son obéissance.

La bonté de son cœur, qui se manifestait à l'égard de son frère, de sa sœur et de ses jeunes compagnes, le zèle qui la poussait à leur parler de Dieu et de la religion, à les conduire à l'église ou devant quelque oratoire pour y prier ensemble, indiquaient déjà ce qu'elle serait un jour.

Ce fut surtout dans sa préparation à la première communion, et dans l'accomplissement de cette grande et importante action, qu'elle manifesta ses heureuses dispositions et prépara son âme aux impressions de la grâce et aux priviléges admirables dont le Seigneur l'a favorisée.

Attirée par les charmes et les suavités de la sainte Eucharistie, elle mettait tout son bonheur à se nourrir souvent du froment des élus et du vin qui fait germer les vierges [1].

• C'est à la sainte Table qu'elle puisait le zèle et l'énergie qu'elle déployait dans le fidèle accomplissement de ses devoirs et dans la pratique des œuvres de charité.

C'est là qu'elle apprenait ce dévouement étonnant, cet esprit de sacrifice dont elle se sentait animée. On voyait se réaliser en elle ces belles paroles de l'Imitation : « L'Eucharistie augmente la grâce, accroît la vertu, affermit la foi,

____

[1] *Zach.*, IX, 17.

fortifie l'espérance, enflamme et dilate la charité (1). »

Victoire joignait à ces heureuses dispositions un grand amour du travail et un désir empressé de venir en aide à ses parents.

Elle apprit de bonne heure à tisser la toile : humble et laborieux métier qu'elle exerça toute sa vie, même pendant qu'elle était en communauté.

Par ce genre de travail elle procurait à ses parents les secours nécessaires ; elle fournissait à son frère et à sa sœur les moyens d'aller à l'école, et elle assurait des ressources aux pauvres et aux malades nécessiteux.

Sa jeunesse s'écoulait ainsi dans le travail, dans la prière et dans l'exercice des bonnes œuvres !

(1) *Imitation,* l. IV, ch. iv.

Qu'il serait à désirer de voir les jeunes personnes de nos jours marcher dans cette voie et imiter ce beau modèle !

Victoire était âgée de vingt-cinq ans lorsque la mort vint lui enlever sa mère, le 1er janvier 1782.

Qui pourrait redire les soins tendres et affectueux dont elle environna les derniers moments de cette mère chérie, les paroles douces et consolantes qu'elle lui adressa, les prières qu'elle fit monter vers le ciel en sa faveur et les larmes qu'elle répandit devant sa couche funèbre ?

A l'exemple de sainte Thérèse, dont elle se plaisait à imiter les vertus, Victoire, dans cette douloureuse circonstance, renouvela sa consécration à la sainte Vierge, en la conjurant de remplacer du haut du ciel la pieuse et bonne mère qui laissait trois orphelins sur la terre.

Deux ans après, le 16 avril 1784, François Paradis rendait son âme à Dieu et laissait à Victoire, qui était l'aînée de la famille, le soin d'élever sa sœur Marie et son frère Joseph.

Victoire avait soigné son père avec toute la tendresse possible ; elle lui avait procuré les secours de la religion ; elle reçut le dernier soupir de ce cher père avec ses dernières bénédictions.

Dans cette séparation, si coûteuse à la nature, Victoire puisait de douces consolations dans la vivacité de sa foi et dans la fermeté de son espérance.

Portant ses pensées vers le ciel, où elle espérait que ses parents recevaient leur récompense, elle ranimait son courage en répétant ces paroles du prophète royal : *Mon père et ma mère m'ont abandonné, mais le Seigneur s'est chargé de moi* [1].

Oui, consolez-vous, pieuse enfant, consolez votre frère et votre sœur, ces tendres objets de votre affection, de votre vigilance et de vos soins. Le Seigneur se chargera de vous, car il a promis d'être le protecteur de l'orphelin. Au ciel vous aurez Dieu pour père et Marie pour mère. Sa providence veillera sur vous et vous donnera sur la terre encore un autre père et une autre mère.

II.

M. Receveur, dont le cœur débordait de zèle et de charité, venait d'être nommé vicaire en chef aux Fontenelles.

(1) *Ps.* XXVII, 10.

Il donnait des retraites spirituelles dans sa paroisse et dans les paroisses voisines, de concert avec M. Parent, M. Lambelot, curé du Bélieu, fondateur de l'association des sœurs de la Compassion [1], M. Lornot, décédé curé de Domprel, etc.

Victoire Paradis était une des plus dévouées à cette œuvre et des plus ardentes à en suivre les pieux exercices. Elle y conduisait son frère, sa sœur et les jeunes personnes de la paroisse. Elle leur résumait les instructions, leur faisait la méditation, récitait, chemin faisant, le chapelet, l'office de la sainte Vierge, pour le succès de la retraite.

Mais toutes ces pieuses démarches

[1] Cette association, établie au Bélieu en 1796, fut transportée en 1810 à l'Ermitage, près de Villersexel.

ne nuisaient en rien au travail qu'elle s'était imposé pour subvenir aux besoins de son frère, de sa sœur et des pauvres; car elle se levait de bonne heure, elle se couchait tard, et elle avait soin de ne perdre aucun moment. On remarquait que son ouvrage était plus tôt et mieux fait que celui des autres.

Pour assurer le fruit de ses retraites, et pour soustraire aux dangers du monde les âmes qui en redoutaient les pernicieuses influences, M. Receveur conçut le dessein de fonder une communauté religieuse afin de fournir aux personnes de bonne volonté un abri à leur vertu et des moyens plus sûrs de persévérance et de sanctification. Il en jeta les fondements dans sa paroisse, à une distance peu éloignée de l'église qu'il avait édifiée lui-même au village des Fontenelles.

Victoire Paradis, pénétrée de respect et de confiance envers M. Receveur, fut heureuse de le voir établir une communauté. Elle résolut d'y entrer et de se confier à la direction de celui qu'elle estimait comme le meilleur et le plus saint des pères.

Elle se préparait à entrer dans la communauté de M. Receveur dès qu'elle serait formée ; elle priait pour le succès de cette œuvre et elle s'efforçait de procurer des secours à ce saint prêtre pour l'établissement et la consolidation de ce nouveau monastère.

Victoire Paradis rencontra de grands obstacles à son pieux projet. Il lui fallut lutter énergiquement pour s'arracher à sa paroisse natale et se séparer des familles nombreuses qui la chérissaient.

M. Isabey, curé du Bizot, M. Régnier,

vicaire, combattaient le projet de Victoire, car le départ de cette sainte fille, qui faisait tant de bien à la paroisse et y donnait de si beaux exemples de vertu, était une perte réelle.

D'un autre côté, les habitants du Bizot mettaient tout en œuvre pour conserver au milieu d'eux la famille Paradis, qu'ils estimaient comme un trésor précieux.

Mais tout fut inutile : ni les promesses, ni les prières, ni les larmes, ne purent détourner cette âme généreuse de la voie où elle se sentait appelée de Dieu.

Le 19 novembre 1789, M. Receveur ouvrait sa maison aux personnes pieuses qui désiraient faire partie de sa communauté. Victoire veut être une des premières : elle part donc pour les Fontenelles, emmenant avec elle son frère Joseph [1] et sa sœur Marie, heureux enfants qui, sous la vigilance de leur sœur aînée et par ses soins continuels, s'étaient conservés purs et avaient compris le bonheur d'être à Dieu !

Ces trois pieux orphelins, qui s'étaient abandonnés à la garde de la Providence, vont retrouver dans la communauté de M. Receveur un père tendre, une mère affectueuse, des frères et des sœurs chéris, et y goûter les joies d'une nouvelle famille.

III.

Dans le monde, Victoire Paradis avait donné l'exemple de toutes les vertus

[1] Joseph Paradis fut un des quatre religieux que les gendarmes et les soldats nationaux enlevèrent brutalement de la maison des Fontenelles, pour être conduits à Besançon et enfermés parmi les fous furieux. (*Histoire de la Persécution*, ch. XXXI, p. 100.)

chrétiennes; elle sera dans la communauté un modèle accompli de la perfection religieuse.

Habituée à la vie intérieure, brûlant de zèle pour la gloire de Dieu et pour les intérêts de la religion, animée d'une grande confiance à la Providence, elle goûtait un bonheur inexprimable dans la pratique de l'obéissance, de la mortification, de l'humilité; elle donnait l'exemple de la fidélité à la règle, de l'exactitude à remplir tous les devoirs religieux et de l'esprit de sacrifice. Ses conversations portaient à l'amour du bien et ses exemples entraînaient ses consœurs à l'accomplissement du devoir.

Elle se plaisait à répéter et à mettre en pratique la belle devise du pieux fondateur de la Retraite chrétienne : *Tout par la croix :* elle prononçait aussi très souvent ces autres paroles : *Tout pour Dieu.*

Chère sœur Victoire était non-seulement comme l'âme et le modèle de cette nouvelle famille, mais elle travaillait encore avec succès aux intérêts matériels de la communauté.

M. Receveur, se trouvant un jour embarrassé pour faire face aux besoins de sa chère communauté, fit part de son inquiétude à sœur Paradis. Celle-ci lui dit : « Rassurez-vous, très cher père, nous allons faire une neuvaine à saint Joseph ; il nous obtiendra des secours. »

On commence en effet la neuvaine, et le troisième jour, un étranger arrive à cheval à la porte du couvent, demandant à parler au supérieur de la maison. Il est introduit, et, après avoir causé un moment avec M. Receveur des besoins et des ressources de la communauté, et s'être apitoyé sur les soucis et les labeurs des fondateurs d'établissements religieux et le dénûment qu'ils ont souvent à subir, il déposa sur la table une valise en disant : Voilà pour vous aider. Il sort, remonte à cheval et disparaît.

Ce trait, dont le souvenir s'était conservé dans nos montagnes, a été raconté à la supérieure actuelle des sœurs de l'Ermitage de Villersexel par la mère Pagnot, ancienne supérieure du même établissement, contemporaine et amie de sœur Victoire Paradis [1].

IV.

Trois ans et quelques mois s'étaient à peine écoulés depuis la fondation de la communauté des Fontenelles et l'en-

[1] Mère Pagnot est morte à l'Ermitage le 14 novembre 1836, âgée de soixante-treize ans.

trée de sœur Victoire Paradis dans cette sainte solitude, lorsque la persécution révolutionnaire vint en disperser tous les membres ; c'était le 13 octobre 1792.

Rien n'est plus touchant que le spectacle de ces pieux solitaires résistant énergiquement à l'agression barbare des gendarmes et des soldats nationaux, déployant un courage héroïque, se cramponnant aux portes de la maison, demandant à mourir plutôt que d'abandonner leur chère solitude.

Or, sœur Paradis luttait dans cette circonstance avec une énergie incroyable ; elle reprochait à ces agents révolutionnaires la cruauté de leur conduite, elle les exhortait à revenir à des sentiments plus humains, conjurait ses consœurs de demeurer fermes et de ne céder ni devant les menaces ni devant la mort.

Cependant la persécution triompha, et il fallut quitter cette solitude si chère et si regrettée.

A la dispersion des solitaires, chère sœur Victoire fut désignée par M. Receveur pour rester au pays avec quelques-unes de ses consœurs.

L'estime qu'on lui portait généralement, sa charité si connue, ses œuvres, qui avaient excité l'admiration et la reconnaissance des bons habitants de la localité, son courage et sa fermeté dans la foi, ne laissaient aucun doute sur le bien qu'elle pourrait faire durant des jours si mauvais.

Il fallait, en effet, une âme trempée comme celle de Victoire, pour opposer une digue au torrent de la démoralisation, pour soutenir et encourager les faibles, pour pourvoir aux besoins si pressants des prêtres déportés, de

ceux qui étaient demeurés sur la brèche,
et des fidèles expatriés.

Sœur Victoire Paradis répondit parfaitement aux vues sages et charitables
de M. Receveur. Elle fut pendant ces
jours de désolation, pour les malheureux et les pauvres, pour les prêtres et
les fidèles bannis ou obligés de se ca-
cher, et pour un grand nombre d'autres compatriotes, un admirable instru-
ment de la Providence.

C'est ici que s'ouvre devant elle une
belle et noble carrière qu'elle a digne-
ment parcourue, et où le Seigneur a
fait éclater dans son humble servante
la puissance de la foi, de l'humilité et
de la charité.

Les secours abondaient dans les
mains de sœur Victoire, et elle se mul-
tipliait elle-même pour les porter aux
plus nécessiteux. Tantôt on la rencon-

trait dans des lieux escarpés et à travers des sentiers étroits, se dirigeant vers les frontières de la Suisse pour porter des secours aux prêtres et aux fidèles déportés ; tantôt on la retrouvait dans les différents sanctuaires de la contrée, où elle allait en pèlerinage pour demander des consolations et du courage pour les persécutés, la conversion des persécuteurs, la cessation de l'orage révolutionnaire et des tempêtes intestines qui désolaient le pays [1].

Elle procurait un asile aux prêtres généreux qui, au péril de leur vie, étaient demeurés au pays pour célébrer les saints mystères dans les forêts, dans les cavernes ou dans le secret des

[1] Sœur Victoire Paradis faisait souvent des pèlerinages à Notre-Dame de Consolation, à Remonot, au Barboux, à Notre-Dame du Mont, à St-Hippolyte, à Cerneux-Monnot, à Bonfol dans le Porrentruy.

maisons, pour baptiser les enfants et donner les derniers sacrements aux mourants. Elle accourait au chevet des malades pour leur indiquer des confesseurs, s'offrant elle-même à aller les chercher.

Ses démarches nombreuses pour le bien des âmes et pour la consolation des affligés étaient bénies de Dieu et couronnées de succès.

Combien de personnes, encouragées par ses conseils et ses exhortations, se sont soutenues dans le bien au milieu des plus grands dangers ! Combien de familles ont trouvé la paix et le bonheur dans les efforts de son zèle et de son inépuisable charité ! Que de malades secourus et assistés par ses soins !

Son dévouement était sans bornes ; elle ne reculait devant aucun sacrifice quand il s'agissait des intérêts de la religion et de l'exercice de la charité. Elle s'exposait à toutes sortes de dangers pour porter des secours aux prêtres déportés et procurer aux fidèles les moyens d'entendre la messe et de recevoir les sacrements.

Elle fut arrêtée par les douaniers du Russey au-dessus de la côte de la Grand'-Combe-des-Bois, le 6 avril 1793, à quelques pas de la frontière suisse. Elle portait une horloge, une chasuble, des galons d'argent, un bréviaire, un vieux surplis, une paire de bas, quelques autres ornements d'église et dix-sept livres quatorze sous en numéraire. Les douaniers découvrirent en outre plusieurs lettres cachées dans sa manche. Elle fut conduite au juge de paix du Russey, qui procéda à son interrogatoire. Elle répondit qu'elle se nommait Jeanne-Victoire Paradis, du Bizot, demeurant autrefois à l'établissement des Fontenelles, et qu'elle portait à l'abbé Receveur émigré quelques effets laissés par lui en dépôt chez elle, et dont elle était embarrassée ; que son intention était, après les avoir déposés dans la première maison du territoire suisse, de revenir promptement soigner les malades qui lui étaient confiés, et qu'enfin elle ne connaissait ni la loi qui défendait d'exporter du numéraire, ni celle qui défendait de sortir du territoire français sans la permission du département.

Quant aux quatre lettres saisies sur elle, elle déclara que deux lui avaient été remises par Geneviève, du Piot [1], une autre par Mlle Archeret, de Besançon, et la quatrième par une personne

(1) Le Piot est un hameau de la paroisse de Saint-Julien, près de Bonnétage.

inconnue. Toutes ces lettres étaient des missives de piété adressées à M. l'abbé Receveur.

Après son interrogatoire, sœur Victoire Paradis fut conduite par les douaniers à Saint-Hippolyte et comparut le lendemain au tribunal de ce district. Elle protesta de nouveau de sa complète ignorance des lois.

Le tribunal déclara que la somme saisie demeurait confisquée et acquise à la République, en vertu de la loi qui défendait l'exportation des matières d'or et d'argent; que les effets saisis sur Victoire Paradis étaient également confisqués comme appartenant à un prêtre émigré; qu'enfin la fille Paradis était renvoyée sans amende ni dépens [1].

____

(1) *Histoire de la Persécution révolutionnaire dans le département du Doubs*, ch. XLII, p. **776**.

Cette pieuse religieuse regrettait vivement la perte des objets saisis, mais elle conserva devant ses juges un calme admirable; elle se retira paisiblement, après les avoir édifiés par son air de candeur et de modestie et par l'ingénuité de ses réponses.

Sœur Victoire alla retrouver ses malades, ses pauvres, continuer ses œuvres de charité et ses pérégrinations en faveur des malheureux et des exilés.

Mais au milieu de ses démarches multipliées, de ses occupations incessantes et de ses soins pour les malades, elle n'oubliait pas sa chère société proscrite et errante; elle la suivait de ses affections et de ses vœux les plus ardents.

Combien de fois on l'a vue agenouillée sur les ruines de l'établissement de la Retraite chrétienne, théâ-

tre de tant de prières, de mortifica-
tions et d'autres bonnes œuvres! combien de fois on l'a vue pleurer sur le
berceau de cette pieuse association,
demandant grâce et miséricorde au
Seigneur, et appelant des jours pro-
pices sur l'Eglise persécutée, sur la patrie livrée au trouble et au désordre,
et sur sa famille d'adoption, dispersée
par les méchants!

Des larmes si précieuses ne pou-
vaient demeurer stériles, des vœux si
ardents devaient, tôt ou tard, recevoir
leur accomplissement!

En effet, les religieux des Fontenelles avaient reçu sur une terre étran-
gère, en Suisse, en Allemagne, en Italie, une hospitalité convenable; le
P. Antoine recevait à Rome les bénédictions et les encouragements du
saint-père; le culte catholique se réta-

blissait en France ; la pieuse société de la Retraite chrétienne, à la suite de M. Receveur, son révérend et bien-aimé fondateur, rentrait dans sa patrie pour se fixer d'abord à Aix en Provence, puis à Autun, Marseille, Boulogne-sur-Mer, Lambesc, Paris, Dole, Londres ; trente-cinq ans après, on voyait surgir, comme par enchantement, de nouveaux édifices sur le berceau de la société, et le 20 novembre 1837 on inaugurait une élégante chapelle sur les ruines des premiers bâtiments de M. Receveur.

Là fleurissent maintenant les plus sublimes vertus, là est encore vivant le souvenir de Victoire Paradis, et l'on y médite sur le dévouement admirable et les autres vertus dont cette chère sœur a laissé de si touchants exemples.

Ici, il faut admirer les vues merveil-
leuses du Seigneur, qui fait tout con-
courir au bien de ses élus, et recon-
naître les effets prodigieux de la prière
et de l'humble confiance en Dieu.

V.

Le calme étant rétabli et la société
de la Retraite chrétienne étant rentrée
en France et fixée à Aix en Provence,
il semble que sœur Victoire Paradis
aurait dû rejoindre ses consœurs et
aller trouver dans ce nouvel asile de
la paix le repos dont elle avait besoin
et le dédommagement dû à ses sacri-
fices et à ses nombreux travaux. C'é-
tait bien là son plus ardent désir ; mais
le Seigneur en disposait autrement, et
son humble servante soumettait géné-

reusement sa volonté à celle de Dieu, manifestée par son supérieur ; car elle avait toujours dans le cœur, comme sur les lèvres, ces belles paroles : *Que la volonté de Dieu soit faite.*

Sœur Victoire ne pouvait donc abandonner, pour le moment, ses œuvres si généreusement entreprises.

Les orphelins et les enfants abandonnés qu'elle avait adoptés, les pauvres qu'elle nourrissait, les familles peu aisées soutenues par ses soins, réclamaient sa présence et son action charitable, soit aux Fontenelles, soit aux villages circonvoisins.

Elle avait recueilli des orphelins, des enfants abandonnés, des pauvres, qu'elle nourrissait et soignait avec la tendresse de la meilleure des mères. Elle eut, pendant plus de seize ans, six, sept, et quelquefois huit personnes à sa charge; elle les logeait, les nourrissait, les habillait et leur fournissait toutes les choses nécessaires, s'occupant spécialement de leur salut et veillant scrupuleusement à l'accomplissement de leurs devoirs religieux.

Elle recueillit un jour une pauvre petite fille nommée Croissière, toute couverte d'ulcères et ne pouvant marcher qu'à l'aide de deux béquilles. Elle lui voua une affection d'autant plus tendre que son état la rendait plus digne de compassion; elle lui procurait une nourriture en rapport avec sa santé; elle soignait ses plaies et lui inspirait le courage et la patience.

Deux autres petites filles délaissées, Dorothée Renaud, surnommée Jacquet, et une pauvre mendiante de la Bourgogne, trouvèrent aussi une hospitalité cordiale et continue chez sœur Victoire.

Sa charité s'étendait à tous les genres de misère et d'infortune. Elle visitait les familles affligées pour les consoler, les malades pauvres pour les exhorter à la patience et leur procurer des remèdes, passant des nuits entières à les veiller, à les soigner, récitant les prières des agonisants aux moribonds, leur inspirant des sentiments de résignation et de confiance ; elle ne les quittait qu'après avoir recueilli leur dernier soupir, les ensevelissait elle-même, fournissait aux frais de la sépulture des pauvres et les accompagnait à leur dernière demeure.

Elle ne refusait jamais l'aumône à aucun pauvre. Elle poussait la charité jusqu'à partager ses vêtements avec ceux qui en étaient dépourvus ; on l'a vue retirer du linge du cuvier à lessive pour le donner à de pauvres malheureux.

C'était un grand bonheur pour elle de procurer des ressources pour la décoration des églises et la réparation des ornements du culte.

Une veuve chargée de plusieurs enfants, étant poursuivie par un impitoyable créancier pour une somme de cent francs, fit part de sa détresse à sœur Victoire. Celle-ci la reçut avec bonté en lui disant : « Ne vous inquiétez pas, mettez votre confiance en Dieu ; demain je vous apporterai de quoi vous acquitter. »

En effet, sœur Paradis emprunta cent francs, et le lendemain elle les remit à la pauvre veuve.

Aux secours qu'elle envoyait de temps en temps à M. l'abbé Receveur, elle joignit une fois le prix d'une chaîne de toile qui était encore sur le métier.

Elle s'efforçait de trouver des secours

pour venir en aide à la fondation de l'association des Sœurs de la Compassion,
au Bélieu ; car elle était intimément liée
à mère Pagnot, supérieure de cette
association , et sincèrement dévouée à
M. Lambelot., qui en fut le fondateur.

Pour soustraire de pauvres jeunes
filles à la mendicité et aux dangers qui
en sont la suite, elle les recevait chez
elle, leur payant un salaire et les for-
mant au travail.

Elle agissait de même à l'égard de
pauvres petites filles ignorantes, pour
avoir occasion de les instruire et de
leur fournir les moyens de se préparer
à la première communion.

Sa charité était industrieuse ; elle lui
faisait saisir toutes les occasions pro-
pres à faire le bien.

Connaissant une jeune personne qui
avait besoin d'avis et d'encouragements

à cause des dangers qu'elle courait, sœur Victoire lui donna six francs pour faire une commission à M. l'abbé Receveur, qui se trouvait encore en Suisse, lui fournissant ainsi l'occasion de recevoir des avis très utiles et très précieux de la part de ce saint prêtre.

Les conscrits des Fontenelles, du Russey, de la Grand'Combe-des-Bois, du Bizot, de Bonnétage et autres lieux, ne partaient jamais sans aller se recommander aux prières de sœur Victoire. Elle les encourageait, leur donnait de sages conseils, leur distribuait des médailles, des chapelets ou d'autres objets pieux, et quelques pièces de monnaie à ceux qui étaient indigents.

On est vraiment étonné en voyant une personne née et élevée dans la pauvreté, pratiquer la charité et faire l'aumône sur une aussi grande échelle;

une humble fille sans étude, sans science aux yeux du monde, devenir pour ainsi dire l'oracle et la conseillère des habitants de toute une contrée.

Cela tient du prodige !

Mais ce qu'il y a de plus prodigieux encore, c'est le concours des circonstances toutes providentielles qui accompagnaient ses démarches et ses œuvres.

VI.

On peut bien dire que sœur Victoire Paradis, en faisant tant de bien aux malheureux et en distribuant de si nombreuses aumônes aux pauvres, prêtait à Dieu à usure, car il lui rendait au centuple tout ce qu'elle faisait pour eux en son nom.

A la veille de l'hiver, on amena à

sœur Victoire, qui avait déjà sept à huit personnes à entretenir dans son ménage, une petite fille abandonnée qui ne savait pas même réciter le *Pater*. Elle hésita un moment; puis, ranimant sa confiance en la Providence, elle se décida à recevoir cette pauvre petite infortunée. Et voilà que le lendemain on lui apporta une provision de farine plus que suffisante pour nourrir cette enfant pendant tout l'hiver.

La farine, le pain, les pommes de terre, semblaient se multiplier dans sa demeure, au point d'étonner les voisins et les personnes de la maison.

Un jour, croyant n'avoir plus qu'un reste de farine au fond d'un sac, elle monte au grenier et trouve le sac rempli; elle se prend à rire, disant dans sa surprise : Il arrivera quelque chose d'extraordinaire !

Peu de jours après, plusieurs religieux de M. Receveur, passant d'Italie en France, séjournèrent quelques jours chez elle, et elle eut de quoi les nourrir.

Une femme de Bonnétage, nommée Catherine, avait donné à chère sœur Victoire une émine de farine dans un sac; elle rapporta très facilement ce fardeau chez elle et le déposa à la cuisine; un instant après, voulant le reprendre pour le porter au grenier, elle le trouva si lourd qu'elle ne pouvait plus le mouvoir.

Marie-Agnès Guerrissot, de Frambouhans, domestique de Claude Renaud, des Fontenelles, a attesté à M. l'abbé Boucon qu'elle avait été témoin d'un fait semblable à celui-ci.

Un homme des Fontenelles, chef de famille, décédé depuis peu, assurait

avoir obtenu pour lui et pour ses enfants des guérisons extraordinaires par
suite des prières et des neuvaines que
sœur Victoire Paradis avait faites pour
eux.

Un homme des Bréseux, canton de
Maîche, ayant accidentellement perdu
la raison, fut recommandé par ses pa-.
rents aux prières de sœur Victoire. Elle
fit une neuvaine pour lui, et il recou-
vra parfaitement l'usage de la raison.

Une femme de Frambouhans, affec-
tée d'une maladie d'yeux que l'on regardait comme incurable, fut également guérie à la suite d'une neuvaine
faite par cette pieuse fille.

Les demoiselles Renaud, des Fontenelles, ont attesté ces deux derniers
traits.

Allant un jour à Flangebouche pour
un office de mort, sœur Victoire Para-

dis se souvint qu'elle avait une dette
de six francs. Elle pensa dire le chapelet pour obtenir de quoi payer sa dette;
mais en tirant le chapelet de sa poche,
elle ramena les six francs dont elle avait
besoin.

Les personnes du monde, qui ne ju-
gent les choses qu'au point de vue humain, n'accepteraient pas ces faits, ou
ils les prendraient pour les rêveries
d'une imagination en délire. Il n'en est
pas de même des personnes qui envi-
sagent les choses avec les lumières de
la foi, qui prient et méditent au pied
la croix.

Quand on réfléchit sur les promesses
que Dieu a faites à ceux qui prient, qui
se confient en lui et qui le servent dans
la simplicité et la droiture de leur
cœur; quand on voit ces promesses
divines se réaliser dans la succession

des siècles en faveur des pauvres d'esprit et des humbles de cœur, on n'est
plus surpris de voir le Seigneur mettre
sa puissance à la disposition de quelques âmes privilégiées qu'il a choisies
pour être les instruments de sa bonté
et de sa miséricorde.

Notre Seigneur n'a-t-il pas dit à
ses apôtres : *Quand je vous ai en-
voyés, sans bourse, sans sacs et sans
souliers, avez-vous manqué de quelque chose* (1)?

N'a-t-il pas dit aussi : *Cherchez
avant tout le royaume de Dieu et sa
justice, et tout le reste vous sera
donné par surcroît* (2)?

Jésus, reprochant à ses disciples la
faiblesse de leur foi, disait : *Je vous*

____

(1) *Luc.*, XXII, 35.
(2) *Matth.*, VI, 33.

le dis en vérité, si vous aviez de la foi comme un grain de sénevé, vous diriez à cette montagne : Transporte-toi d'ici là ; et elle s'y transporterait, et rien ne vous serait impossible (1).

Tout est donc possible à celui qui a la foi, qui se confie à la Providence paternelle du Seigneur, qui craint Dieu et le cherche dans la droiture de son âme.

Telles étaient les dispositions de notre pieuse et excellente sœur Victoire Paradis.

Sa foi vive, ferme et inébranlable, la portait à voir tout en Dieu, à régler toutes ses actions et toutes ses démarches selon les vues de Dieu.

Cette foi vive et pratique, jointe à l'amour de Dieu dont son cœur était

______

(1) **Matth.**, xvii, 19.

embrasé, était l'aliment puissant de cette confiance sans bornes qu'elle avait en la divine Providence pour les choses temporelles, et plus encore pour les besoins spirituels.

Quand on lui reprochait sa témérité à entreprendre, sans les moyens suffisants, des œuvres regardées comme impossibles au point de vue humain, elle se contentait de répondre par ces paroles de Notre Seigneur à ses apôtres : *Pourquoi êtes-vous timides, hommes de peu de foi* [1]?

Lorsque quelqu'un venait réclamer le secours de ses prières pour obtenir la guérison d'un malade, la conversion d'un pécheur, le succès d'une entreprise, elle répondait : Il faut prier ; il faut faire une neuvaine ; mais ayez con-

(1) *Matth.*, viii, 26.

fiance, car le Seigneur a dit : Demandez, et vous recevrez.

Elle aimait à prier, elle trouvait son bonheur dans ses communications avec Dieu, dans l'effusion de son cœur devant la sainte Eucharistie. Elle passait des heures entières au pied des autels, prosternée devant le Seigneur, répandant des larmes, lui demandant de l'éclairer de ses divines lumières, de lui venir en aide dans ses œuvres, de convertir les pécheurs, de soutenir et de perfectionner les justes.

Elle se faisait un devoir, malgré ses courses et ses nombreuses occupations, d'assister chaque jour à la sainte messe, de communier plusieurs fois par semaine, de faire la visite au saint Sacrement, de réciter l'office de la sainte Vierge, le rosaire ou le chapelet.

Elle avait une tendre dévotion envers

la sainte Vierge, dont elle visitait souvent les divers sanctuaires, aux anges gardiens, à saint Joseph, à sainte Thérèse, à saint Antoine, à saint Ignace de Loyola, à saint François-Xavier, à saint François d'Assise et à saint François de Sales.

Elle donnait partout l'exemple d'une profonde humilité, ne se laissant jamais éblouir par les louanges ni déconcerter par les humiliations, choisissant toujours pour elle la dernière place, les vêtements les plus modestes et la nourriture la plus grossière.

Que n'aurais-je pas à dire de sa modestie, de son amour de la sainte pureté? Elle regardait ces vertus comme le plus riche patrimoine d'une jeune personne, comme sa plus belle parure. Aussi elle savait en relever la beauté, l'excellence et les avantages aux yeux de ses chères orphelines et des jeunes personnes qui l'entouraient.

Sa patience était inaltérable : elle en a donné des preuves pendant toute sa vie, soit en supportant les défauts de ses pauvres orphelines, des enfants qu'elle avait recueillis, soit en souffrant, sans se plaindre jamais, la rigueur des saisons, les fatigues de ses courses nombreuses, les pénibles épreuves de la vie, et surtout les vives douleurs que lui causait une énorme plaie à la jambe, plaie qu'elle a portée pendant de longues années jusqu'à la mort, à part une courte interruption qu'elle regardait comme un miracle.

A ces vertus, pratiquées dans un si haut degré de perfection, sœur Victoire Paradis joignait encore un grand amour de la mortification. Elle jeûnait presque tous les jours aussi rigoureusement que pendant le carême. Elle prenait pour nourriture des aliments mal assaisonnés, du pain altéré, des pelures de pommes de terre, les restes des repas des orphelins et des pauvres qui recevaient l'hospitalité chez elle.

Outre le cilice et les autres instruments de pénitence dont elle faisait un fréquent usage, elle couchait sur la dure ou passait des nuits entières à veiller les pauvres malades.

Elle s'appliquait surtout à la mortification intérieure, dominant sans cesse la nature pour suivre l'impulsion surnaturelle de la grâce, de sorte que sa vie était une suite non interrompue d'actes de renoncement et d'abnégation.

Elle marchait sans cesse en la présence de Dieu, faisant servir ce qu'elle voyait, ce qu'elle entendait, ainsi que les objets extérieurs et les divers événements de la vie, à se reporter vers lui pour le bénir et le glorifier.

Elle était pénétrée d'une vive crainte de Dieu, qui lui faisait redouter jusqu'à l'ombre du mal et la portait à gémir sur les offenses de Dieu.

Se rappelant qu'il faut opérer son salut avec crainte et tremblement, que la crainte du Seigneur produit la confiance et qu'elle est la source de la vie spirituelle (1), elle méditait souvent sur les fins dernières, sur la mort, le jugement, l'enfer et le paradis. Elle eut à surmonter de grandes et nombreuses tentations à cet égard, mais avec l'aide de la grâce elle en triomphait, s'écriant avec le psalmiste : *O mon Seigneur, combien est grande la multitude des douceurs que vous avez réser-*

(1) *Prov.*, xiv, 26-27.

vées à ceux qui vous craignent [1].

En voyant dans cette pieuse servante du Seigneur une foi si vive, une confiance si aveugle, une humilité si profonde avec une si grande crainte de Dieu, on ne doit pas être surpris qu'elle ait attiré sur elle les regards bienveillants du Seigneur, et que ses œuvres aient été bénies du Ciel et couronnées de si heureux succès.

V.

Sœur Victoire Paradis soupirait toujours vers sa chère retraite : elle ne pouvait se consoler de cette longue séparation que par la pensée de Dieu, dont la volonté s'accomplissait en elle, et de la récompense réservée à son sacrifice.

[1] *Ps.* xxx, 20.

Elle attendait donc avec une sainte résignation le moment marqué par la Providence pour son retour à la communauté de la Retraite chrétienne.

M. l'abbé Receveur était mort en odeur de sainteté le 7 août 1804. Ses dépouilles mortelles reposaient dans le cimetière de Saint-Jean-le-Grand d'Autun. La colonie amenée par M. Receveur à Autun s'était établie en communauté régulière en 1806. Et c'était là que sœur Victoire se proposait d'aller finir ses jours quand l'heure en serait venue.

La pauvre fille Croissière, dont les cruelles infirmités réclamaient les soins intelligents et charitables de sœur Victoire, vint à mourir. Cette mort précieuse fut un gain pour cette pauvre malheureuse, et pour sœur Paradis le signal de son retour dans sa chère société.

Elle se préparait donc à partir pour Autun ; mais elle avait encore un obstacle à surmonter : c'était une autre jeune fille qu'elle avait soignée dès l'enfance et qui demeurait à sa charge.

Mais cet obstacle s'évanouit devant la grande charité de la communauté d'Autun, qui voulut bien recevoir cette pauvre fille en même temps que chère sœur Victoire.

Avant son départ pour Autun, cette sainte âme voulut couronner par de nouveaux bienfaits les charités qu'elle avait faites dans le pays.

Elle distribue aux pauvres une partie de ses vêtements et tous ceux de la fille Croissière ; elle donne à quelques familles peu aisées ses meubles et ses ustensiles ; elle va trouver une pauvre fermière des Fontenelles, Claude-Françoise Clerc, épouse de Pierre-Baptiste

Caille, et la prie de venir chercher douze mesures de bon grain qui lui restaient.

Enfin Victoire Paradis part pour Autun; elle s'arrache avec peine à ses compatriotes désolés, elle emporte les regrets des pauvres qu'elle a nourris, des malades qu'elle a soignés, des nombreuses familles qu'elle a aidées et consolées. C'est un trésor qui disparaît pour aller enrichir une autre plage! Pasteurs et troupeaux, riches et pauvres, tous la regrettent et la bénissent.

VI.

On ne saurait préciser la date de l'arrivée de sœur Victoire Paradis à la communauté d'Autun. Il est probable que ce fut vers l'an 1809.

Quel bonheur pour la communauté

de recevoir cette chère sœur si désirée et dont la réputation de sainteté était connue de toutes les sœurs ! Quelle joie pour sœur Victoire de retrouver des consœurs bien-aimées dont elle était séparée depuis plus de seize ans !

Les persécutions qu'elles avaient subies, les épreuves de toute espèce qui avaient pesé sur elles et sur leur chère société, les afflictions et les privations de l'exil, rendaient plus douce et plus précieuse cette heureuse réunion.

Avec quelle effusion de cœur, avec quelle abondance de larmes, ces chères sœurs parlaient du R. P. Antoine, leur fondateur, que la mort avait enlevé à la société ! Comme elles se ranimaient dans l'esprit de leur vocation au souvenir de ce saint prêtre, de tout ce qu'il avait fait et souffert pour elles, et de tout ce qui s'était passé depuis leur séparation !

Ce fut pour chère sœur Victoire une grande consolation, mais un sujet de bien vives émotions, d'aller s'agenouiller et prier sur les cendres de ce bon père, de baiser sa tombe et de l'arroser des larmes de sa tendresse et de sa reconnaissance.

Qui pourrait exprimer ce qui se passait dans cette âme si sensible, pendant qu'elle priait, qu'elle méditait sur le tombeau de ce digne et vénéré prêtre qui avait dirigé sa jeunesse et fait tant de bien à son âme !

A Autun comme aux Fontenelles, sœur Victoire donnait l'exemple de la fidélité à la règle, de l'exactitude aux exercices de piété, de l'amour du recueillement et du travail.

Elle soignait les sœurs malades, s'occupait encore à tisser la toile et à faire généreusement tout ce qui lui était prescrit par ses supérieurs.

Après une vie si sainte et si bien remplie, on ne pouvait attendre, pour cette religieuse modèle, qu'une mort douce et précieuse.

En effet, affaiblie par les douleurs incessantes que lui causaient des plaies invétérées, exténuée par les jeûnes, les macérations et les fatigues d'un travail pénible, elle sentait ses forces défaillir.

Après une retraite de quelques jours dans laquelle elle s'était préparée à la mort avec un saint abandon, elle vit arriver ses derniers moments avec calme et résignation. Après avoir reçu les derniers secours de la religion, environnée de soins affectueux, encouragée par les prières et les bénédictions de ses sœurs, elle fit à Dieu le sacrifice de sa vie, et sans aucune agonie, elle rendit sa belle âme au Seigneur le 19 novembre 1811, à l'âge de cinquante-quatre ans.

On remarque ici une coïncidence très frappante : sœur Victoire entra en religion dans la communauté des Fontenelles le 19 novembre 1789, et' elle mourut le 19 novembre 1811.

Si la société de la Retraite chrétienne perdit en la personne de chère sœur Victoire Paradis un rare modèle de sainteté religieuse, elle gagna, nous l'espérons, un intercesseur de plus au ciel.

APPENDICE.

Pour compléter les détails que j'avais recueillis
sur Victoire Paradis, j'ai demandé des renseigne-
ments à plusieurs communautés de la Retraite
chrétienne, notamment à celle d'Autun. J'ai reçu
à cet égard quelques témoignages que je cite textuel-
lement, et qui sont comme le résumé de ma notice.

**MÉMOIRE SUR LA VIE DE SŒUR VICTOIRE PARADIS,
ENVOYÉ D'AUTUN.**

La sœur Victoire Paradis, étant arrivée ici,
s'est distinguée par sa charité et son zèle à
l'égard des sœurs malades, en les encourageant
beaucoup par l'état de souffrance où elle était
elle-même. Vous devez savoir qu'elle avait un
grand mal dans une jambe, et sa jambe s'était
guérie lorsqu'elle voulut revenir à la Retraite,
ce qu'elle regardait comme un miracle.

Son mal lui est revenu quelque temps après, et elle a beaucoup souffert. Cela ne l'empêchait pas de suivre les exercices de la communauté, et malgré toutes ses infirmités, nous pouvons bien dire qu'elle ne s'est pas exemptée de faire les exercices pénibles, comme de se relever la nuit et de travailler. Elle travaillait à la toile, ce qui est un métier assez pénible déjà pour les personnes en santé. Eh bien ! elle y a travaillé tant qu'elle a eu un peu de force. Nous croyons qu'avant de venir en retraite, elle jeûnait tous les jours ; car ici nous déjeunons trois fois la semaine, et elle ne pouvait s'habituer à déjeuner, de sorte qu'il a fallu lui donner la permission de ne pas déjeuner ; et, quand elle a été plus mal, il a fallu la contraindre, en vertu de l'obéissance, de prendre quelque chose ; encore n'a-t-elle pas pu s'habituer, car les premiers jours elle s'en trouvait mal. Pendant trente ans, elle a vécu sans déjeuner.

Elle se faisait remarquer ici par son union avec le bon Dieu. C'était pour elle un moyen de se ranimer, même à la vue des mauvais exemples. On ne pouvait s'approcher d'elle sans lui entendre dire des choses édifiantes. Tout l'élevait à Dieu. Elle a toujours conservé son cœur tendre pour le bon Dieu, et au seul souvenir des grâces que Dieu lui avait faites, les larmes lui coulaient des yeux; aussi, bien souvent, quand elle parlait du bon Dieu, on la voyait pleurer. En un mot, ce n'était que pour son corps qu'elle n'était pas sensible. Elle n'a jamais voulu que l'on fît son pauvre lit de paille; elle prenait pour prétexte qu'il le fallait ainsi pour sa jambe malade; elle n'a pas même voulu qu'on le fît pendant sa maladie. Aucune des sœurs ne lui a jamais parlé sans se sentir animée et encouragée dans le service de Dieu. Il suffisait de la voir agir pour être porté au bien.

Durant l'hiver, dans les récréations, nous pouvons nous chauffer, et dans d'autres moments encore; mais elle ne s'est jamais approchée du feu.

Les dimanches, elle était presque toujours à l'église, et toujours à genoux. En un mot, c'était une personne qui vivait de la foi et aspirait à la bienheureuse éternité. Elle avait aussi la simplicité des enfants de Dieu; elle trouvait toujours bon ce qu'on lui disait, elle ne se fâchait jamais quand on la reprenait, elle savait tout supporter pour l'amour de Dieu. Elle a eu deux ou trois fois de fortes tentations de crainte; mais la confiance reprenait le dessus.

Elle était détachée de toutes les bagatelles de ce monde. Son humilité était si profonde qu'elle craignait qu'on ne la renvoyât de la Retraite.

Il faut croire qu'il s'est encore bien passé des choses dont Dieu seul a été le témoin, parce que en Retraite on ne fait pas attention à ces choses, car c'est assez que Dieu les connaisse.

La dernière retraite qu'elle a faite a eu lieu trente-cinq jours avant sa mort. Elle l'a faite avec un nouveau courage. Je crois que Dieu l'a récompensée pour les combats qu'elle avait soutenus contre les excès de la crainte, car elle était sans trouble, calme et jouissant de la paix de l'âme.

Depuis la retraite jusqu'à sa mort, elle ne s'est plus déshabillée pour prendre son repos. Elle est morte dans son habit de pénitence. Elle n'a point eu d'agonie, elle a toujours eu sa présence d'esprit, et elle était dans une parfaite tranquillité.

Une ou deux minutes avant qu'elle n'expirât, elle demanda un peu de lait; elle ne l'eut pas pas plus tôt goûté qu'il est survenu une fumée épaisse dans la chambre, qui n'a duré qu'un instant, et à laquelle a succédé une grande clarté, et c'est dans cet instant qu'elle a expiré. La

sœur qui était près d'elle m'a dit qu'elle prête-
rait serment sur la vérité de ce fait.

Voilà tout ce que nous savons.

Comme vous le connaissez assurément, elle
est morte un jour bien remarquable ; c'était le
jour anniversaire de son entrée en Retraite.

SOUVENIR DE CHÈRE MÈRE JEANNE DÉFOSSE.

Boulogne, le 5 septembre 1861.

Je me rappelle que chère sœur Victoire Paradis avait amené à Autun avec elle, en revenant
des Fontenelles, une petite fille qui ne parais-
sait pas avoir de grandes dispositions. Alors,
chère sœur Victoire prenait soin de cette pauvre
enfant, tâchait de lui inspirer quelques bons
sentiments et de la bonne volonté ; mais elle le
faisait avec tant de douceur et avec une si grande
charité, que j'en étais frappée. Cinquante-un
ans qui se sont passés depuis que j'ai été témoin
de cette bonté et de cette patience n'ont pu me
faire oublier ce trait, qu'il me fait encore plaisir
de me rappeler.

La chère sœur Victoire avait une grande plaie
à la jambe. Elle l'avait déjà aux Fontenelles ;

mais à Autun elle était obligée, sur la fin, de garder le lit, et comme elle était ma maîtresse, j'allais passer mes récréations près de son lit. Cela ne me faisait pas de peine, parce qu'elle me disait de si bonnes choses de Dieu, dont elle était remplie, et cela avec tant de douceur, que je me trouvais tout encouragée par ses discours.

Elle avait un jour une maxime écrite de la main du cher père Sigismond Monnot (¹), elle y tenait comme à une chose bien précieuse ; mais cependant, m'entendant dire que j'aimerais à l'avoir, tout aussitôt elle me répondit avec un air de bonté : «Eh bien! si elle vous fait plaisir, gardez-la. » Son détachement m'édifia d'autant plus, que je savais que dans la société on gardait avec respect tout ce qui venait du cher père Sigismond.

Je me rappelle encore que la chère mère avait confiance en ses prières ; elle me disait que lorsqu'elle souhaitait obtenir quelque grâce, elle la faisait demander à Dieu par la chère sœur Vic-

(1) M. l'abbé Monnot avait suivi le P. Receveur en Allemagne, où il est mort. C'était un homme distingué sous le rapport de la science aussi bien que de la piété; il était originaire du Russey.

toire, et qu'elle ne manquait jamais de voir ses désirs exaucés.

J'en fis aussi l'expérience ; car, souhaitant avoir par écrit la permission de mon père pour pouvoir partir avec N. T. C. P. Charles pour la Provence, je fus la trouver, la priant de vouloir bien solliciter pour moi auprès de Dieu le consentement qui était nécessaire ; elle me dit aussitôt : « Oui, bien volontiers, je ferai une neuvaine pour vous ; » et sa prière fut exaucée, puisque la permission désirée fut signée, et je pus partir.

SOUVENIRS DE CHÈRE SŒUR JEANNE BUTHEAUT.

Paris, septembre 1861.

J'ai eu l'avantage de connaître chère sœur Victoire Paradis, ayant travaillé avec elle, pendant deux mois, au métier qu'elle exerça jusqu'à sa mort, arrivée dans le mois de novembre 1811. Cette bienheureuse chère sœur avait les jambes remplies d'ulcères ; ses chairs tombaient en lambeaux. Elle était un prodige de patience, de travail et de bonne volonté, continuant son travail comme si elle n'avait rien souffert. Dans

ses grandes douleurs, très souvent elle se couchait sur son métier, et, chose étonnante, son
ouvrage était toujours terminé avant celui des
autres, qui travaillaient sans relâche, ce qui faisait que les autres lui demandaient comment il
pouvait se faire qu'elle eût sitôt fini, travaillant
beaucoup moins qu'elles. Elle leur répondait,
dans un esprit de foi et de piété, que c'était son
bon ange et les âmes du purgatoire, en qui elle
avait une grande confiance, ce que je n'aurais
pas de peine à croire, vu sa foi, sa piété, son in-
nocence, dont elle portait l'expression sur sa
figure. Tout ceci, je l'ai vu et entendu. Autant
que je me le rappelle, elle n'a été alitée que
deux ou trois jours; elle est morte comme elle
avait vécu, dans une patience admirable et en
odeur de sainteté. Elle avait le don des larmes,
d'après ce que j'ai vu et entendu dire.

Une personne qui la veillait le jour de sa
mort, assure avoir vu une clarté sur son visage
lorsqu'elle eut expiré; mais on n'y a pas ajouté
grande foi, parce que cette personne passait
pour être un peu visionnaire.

Sœur Jeanne BUTHEAUT.

TÉMOIGNAGE DE M. BALANCHE, VICAIRE A AUTUN, DÉCÉDÉ CURÉ DE MORTEAU.

Victoire Paradis est morte le 19 novembre 1811, à huit heures du soir, donnant toutes les marques qui caractérisent la mort des saints. Elle a été un modèle de toutes les vertus pendant son séjour à la Retraite. Jamais je n'ai vu une âme attendre la mort avec autant de foi, de confiance et de tranquillité. C'est le jour même de l'entrée des enfants de la Retraite aux maisons des Fontenelles.

Tout pour Dieu. BALANCHE.

La mémoire de sœur Victoire Paradis est encore en grande vénération dans nos montagnes. Plusieurs familles ont conservé et vénéré comme des reliques précieuses certains objets qui avaient appartenu à cette pieuse personne.

Ainsi la famille Perrot-Frézard, des Fontenelles, conserve religieusement des meubles qui avaient servi à son usage: le rouet, le fuseau dont elle se servait, et le seau dans lequel on croit généralement que la farine avait été miraculeusement multipliée.

M. l'abbé Tarby, curé du Barboux, a aussi à sa disposition un manuscrit rédigé par Joseph Paradis, frère de sœur Victoire. Ce manuscrit est un recueil de prières, de résolutions prises à la suite de quelque retraite, de passages touchants des sermons qu'il avait entendus.

On voit, par la lecture de ce manuscrit, que l'esprit de Dieu régnait dans la famille Paradis, dont les membres s'étaient tous voués au service de Dieu d'une manière spéciale.

Ce manuscrit a été trouvé dans la toiture d'une maison que l'on démolissait.

BESANÇON, IMPRIMERIE DE J. JACQUIN.